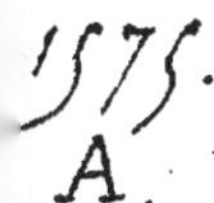
1575.
A.

AF562778

PÉTITION

ADRESSÉE

A LA CHAMBRE DES DÉPUTÉS,

PAR MADIER DE MONTJAU,

CONSEILLER A LA COUR ROYALE DE NISMES,
CHEVALIER DE LA LÉGION D'HONNEUR;

SUIVIE

DE CONSIDÉRATIONS CONSTITUTIONNELLES,

PAR M. A. JAY,

ET

AUGMENTÉE DE LA RÉPONSE DE M. MADIER
AUX INSULTES DE LA QUOTIDIENNE.

Ego hoc tamen assequar ut judicium potius reipublicæ, quam aut rei judicibus aut accusator reis defuisse videatur.

CIC., *in Verrem.*

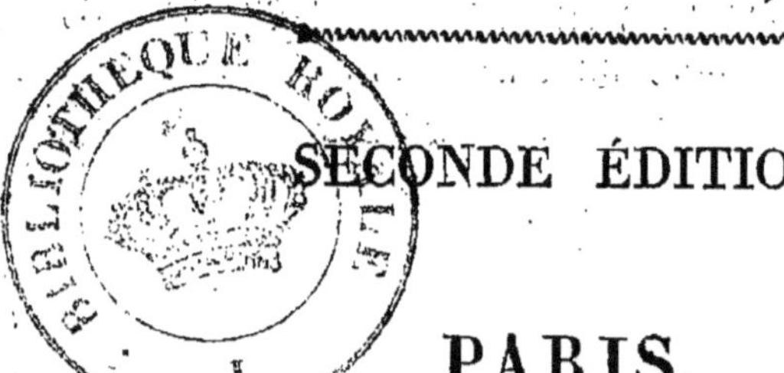

SECONDE ÉDITION.

PARIS,
A LA LIBRAIRIE POLITIQUE, RUE POUPÉE, N° 7;
ET
CHEZ CORRÉARD, PALAIS ROYAL, GALERIE DE BOIS,
N° 258.

1820.

On trouve, à la librairie politique, les ouvrages suivans.

Marseille, Nîmes et ses environs, par Charles Durand, 3 vol. in 8°. Prix, 6 fr.

Grenoble, Lyon, le Rhône et l'Isère, 1 vol. in 8°. Prix, 2 fr. 50 c.

Coup d'œil sur l'esprit public du midi, 1 vol. in 8°. Prix, 2 fr. 50 c.

Les Crimes d'Avignon, in 8°. Prix, 2 fr.

Les Evénemens d'Avignon, in 8°. Prix, 1 fr. 50. c.

Eclaircissemens historiques en réponse aux calomnies, dont les protestans du Gard sont l'objet, et Précis des agitations et des troubles de ce département, depuis 1790 jusqu'à nos jours; par P. J. Lauze de Peret, avocat à la cour royale de Nîmes; 6 vol. in 8°. Prix, 18 fr.

IMPRIMERIE DE MADAME JEUNEHOMME-CRÉMIÈRE,
rue Hautefeuille, n° 20 bis.

PÉTITION

A LA CHAMBRE DES DÉPUTÉS.

Madier de Montjau, conseiller à la Cour royale de Nîmes, chevalier de la Légion d'honneur, à MM. les membres de la Chambre des députés.

MESSIEURS DE LA CHAMBRE DES DÉPUTÉS,

LES pétitions qui contiennent des vœux pour le maintien de nos institutions sont repoussées comme prématurées : je ne viens donc pas répéter ces vœux condamnés au silence. Je ne viens pas non plus exprimer des regrets superflus ; si je vous entretiens de mes craintes, c'est en m'appuyant de faits multipliés qui vous prouveront combien elles sont fondées.

Si je suis contraint à jeter un regard sur nos maux passés, c'est pour vous montrer combien sont probables et combien seront terribles ceux dont nous sommes menacés. Daignez accueillir avec attention et intérêt une pétition individuelle à la vérité, mais inspirée par une conviction profonde et par ce désir ardent de préserver ces contrées de l'incendie que je vois près de s'y allumer. Ecoutez-moi, quoique je me présente seul, et précisément parce que je suis seul, Députés de la nation : un homme seul n'affronte pas, sans la certitude d'une immense utilité, mille poignards dirigés contre lui. Je ne vous dirai pas qu'en présence de la mort on respecte la vérité, parce que mon nom et les fonctions que j'exerce, à la hauteur desquelles je me suis toujours maintenu, sont, j'ose le dire, d'assez sûrs garans de la sincérité de mes paroles.

J'implore votre intervention, parce qu'elle seule peut calmer les alarmes de ce malheureux département du Gard, qu'effrayent également les horribles souvenirs du passé et les possibilités de l'avenir.

Le 17 février, la fatale nouvelle parvint à Nîmes : tous les amis de la patrie (et dans l'idée de la patrie je réunis les Bourbons et la France), tous furent navrés de douleur. Des joies atroces furent aperçues......, mais parmi ceux qui déjà calculaient ce qu'un parricide exécrable devaient produire à leur égoïsme et à leur lâche ambition.

Le 18, dans la journée, arriva à Nîmes une circulaire sous le n° 34, adressée par le comité-directeur de Paris, et portant, entre autres choses : « Ne soyez ni surpris ni « effrayés ; quoique l'attentat du 13 n'ait pas amené sur- « le-champ la chute du favori, agissez comme s'il était « déjà renversé ; nous l'arracherons de ce poste si l'on ne « consent pas à l'en bannir : en attendant, organisez-vous ; « Les avis, les ordres et l'argent ne vous manqueront « pas ».

Immédiatement, et pendant les deux jours qui suivirent la réception de cette circulaire, on entendit crier, ou, pour mieux dire, hurler les cris de *vive le roi !* dont ils savent faire une provocation. On revit les pantalons à bandelettes ; on entendit crier sur le boulevard : « *Pourquoi, en 1815, n'avons-nous pas fait fin de cette race* » ? En un mot, l'attitude des hommes de la funeste année devint aussi terrible que l'avaient ordonné leurs chefs de Paris.

La nouvelle composition du ministère ne satisfaisant pas entièrement leurs espérances, ils parurent un moment moins menaçans ; mais afin de remonter tous les ressorts on fit venir ce trop fameux colonel qu'à toutes les époques de trouble, Nîmes voit apparaître comme un sinistre présage : ce colonel que notre triumvirat de 1815 trouva trop dangereux pour ne pas l'éloigner, et à qui il promit, en 1820 de faire donner le commandement militaire du Gard dès qu'on jouira du ministère *aux moyens extrêmes*. Cette apparition produisit l'effet désiré; et le zèle fut si bien exalté, que dans des lieux publics où les *implacables* de 1815 tenaient leurs détestables conseils, un des plus forcenés, dont les paroles furent approuvées et commentées par un autre, s'écria : « Qu'attendons-nous! Eh! qu'im« porte que nous n'ayons pas encore un ministère royaliste? « Sabrons ces misérables, leur sang produira des royalistes. « N'est-ce pas avec du sang et de la terreur qu'en 93 ils ont « fait des républicains » !

Cette ardeur se serait bientôt répandue au-dehors sans l'arrivée d'une circulaire portant le nº 35, et dans laquelle se trouvaient ces phrases : « Nous vous demandions, il y a « peu de jours, une attitude imposante; nous vous recom« mandons aujourd'hui le calme et la réserve les plus sou« tenus. Nous venons de remporter un avantage décisif, « en faisant chasser Decazes.

« *De grands services peuvent nous être rendus par le « nouveau ministère; il faut donc bien se garder de lui « montrer des sentimens hostiles.* Nous vous le répétons, « du calme, le plus grand calme.

« Il faut diriger tous vos soins vers les adresses. Il est « très-fâcheux que, sur ce point, les libéraux nous aient « prévenus, et que leurs adresses soient rédigées avec « une infernale habileté; cela nous prouve de plus fort, « combien ce parti doit s'entendre d'un bout de la France « à l'autre. De notre côté, ne cessons pas de nous entendre. « Il faut que nos adresses soient nombreuses; faites-en « jusque dans les hameaux; et qu'à côté des sentimens de « douleur se trouve énergiquement exprimée la nécessité « de venger un attentat et d'anéantir les doctrines libé« rales. »

Non moins dociles à ces nouveaux ordres qu'aux premiers, les implacables s'occupèrent sans délai de leurs adresses. Alors nous entendîmes le village de Sauve demander dans la sienne des mesures PROMPTES ET TERRIBLES ; alors nous entendîmes un fonctionnaire très-relevé présenter à un conseil municipal un projet d'adresse où se trouvaient ces mots : « *Il est temps, Sire, il est temps d'abjurer la clémence, et de ne régner que par l'épée.* »

J'ai acquis la certitude que la circulaire 35* est partie le même jour pour tous les départemens, et les adresses que cette circulaire a inspirées ont été les mêmes d'un bout de la France à l'autre.

Ces faits, messieurs les Députés, doivent être bien connus des ministres. Ils ne doivent pas ignorer par qui ont été portées de Paris ici, en moins de trois jours, ces deux dernières circulaires et les trente-trois qui les avaient précédées. La police doit alors avoir fait retentir à leurs oreilles les paroles horribles que je viens de rapporter et dans lesquelles les *implacables* dévoilent leur secret pour créer des royalistes. Si les ministres ne le savent point par la police ordinaire, ils doivent le savoir par la police du duc de Feltre dont un des agens était présent lorsque ces paroles ont été proférées, à moins que cette police n'ait servi avec fidélité, que celui qui nous l'a léguée et le rédacteur des circulaires.

Sera-ce de moi que les ministres devront apprendre quel est le redoutable factieux qui a rédigé et envoyé ces trente-cinq circulaires? Qu'ils sachent donc qu'elle est l'ouvrage de cet homme à la tête et au cœur machiavéliques, lequel dit en 1815 : *Quoi! M. de ***. vous venez devant moi* vous vanter d'avoir sauvé *la vie du maréchal Soult*, après l'avoir fait arrêter! Insensé! *apprenez de moi que* dans les conjonctures où nous sommes, *on n'arrête pas un*

(*) Voyez *Bibliothèque historique*, 14e vol. 1er cahier.

maréchal de France: on le tue!!! Les ministres ont-ils besoin d'une désignation plus claire? Faut-il leur articuler ce nom ? eh bien! je le leur dirai, moi, devant les tribunaux, le jour où ils mettront ce grand coupable en accusation, ainsi que la France l'a un moment espéré, après la découverte de la note secrète.

Les implacables de Nîmes oseront-ils me démentir ? Qu'ils me démentent, mais qu'ils tremblent en songeant que tous leurs complots sont révélés à l'instant même où ils les forment, par des personnes qui, désespérées d'avoir été un moment entraînées par eux, se condamnent au supplice de les entendre et de les voir encore, afin de déjouer leurs sanguinaires desseins.

Qu'ils entreprennent aussi de nier les faits qui me restent à dévoiler. Dans la nuit du 7 au 9 janvier, n'ont-ils pas, réunis au nombre de vingt, formé un conciliabule pour ordonner une inspection secrète de leur garde nationale, et y remplacer plusieurs bas-officiers décédés? N'ont-ils pas, dans ce conciliabule, arrêté leur plan d'attaque et de calomnie contre la garnison, pour en obtenir la translation ?

Par l'intermédiaire de mes amis, j'ai prévenu le ministre de la guerre du moment où cette demande lui serait adressée; j'ai nommé le personnage obscur qui la présenterait à Paris, et qui la ferait appuyer par un personnage éminent. Enfin, j'ai dit les infâmes motifs de cette demande. Frappé de l'évidence de ces motifs et de la coïncidence de mes avertissemens avec les démarches qu'il a vu faire autour de lui, son excellence le ministre de la guerre a reconnu combien il importait à la tranquillité du Gard de laisser à Nîmes la même garnison : son excellence a fait et réitéré à mes amis la promesse de ne pas éloigner cette garnison.

L'événement affreux du 13 février a fait renouveler les mêmes démarches. Cette fois, les implacables ont été satisfaits. L'ordre est donné, et sera dans peu de jours exécuté. On les délivre de cette garnison incommode, coupable d'une discipline parfaite et de sentimens élevés ; coupable surtout de n'avoir jamais voulu fraterniser dans aucune orgie avec les assassins de cette garnison, non moins infortunée que brave, égorgée à Nîmes en 1815, après une capitulation.

A notre ancienne garnison, vont succéder les Suisses!!! Je ne suis pas encore assez *bon Français*, je l'avoue, pour ne pas m'attrister de voir des étrangers remplacer nos légions; et il suffirait de la joie immodérée qu'en témoignent les hommes de ces désastreuses années, pour m'avertir que cet événement est affligeant.

Vous le savez, ministres du roi, et j'en ai encore les preuves, le gouvernement a été pleinement convaincu qu'au mois de mars dernier, un complot sanguinaire avait été formé contre cette partie de la population de Nîmes, dont le sang avait coulé en 1815 ; que ces hommes, réduits à s'armer pour leur défense, avaient montré autant de sagesse que de résolution, et que leur courage avait sauvé le département. Ministres du roi, je vous en conjure, si ce n'est pas par reconnaissance, ah! du moins, par humanité, ne laissez pas Nîmes un seul jour sans une garnison forte et inaccessible à l'esprit de parti. Les mêmes circonstances amèneraient les mêmes résultats, et ces hommes, si long-temps opprimés, ne sont pas aujourd'hui moins disposés qu'au mois de mars dernier à vendre chèrement leur vie à leurs assassins.

Mais, me répondra-t-on peut-être, vous avez écrit naguère que le calme régnait à Nîmes? Je n'ai pu, je n'ai voulu parler que de ce calme extérieur qui souvent précède la tempête. Nous étions tranquilles aussi au mois de juillet 1815, et depuis quarante-huit heures le drapeau blanc flottait sur toutes nos maisons, lorsque les implacables firent tout-à-coup sonner le tocsin dans cette nuit, où six mille furieux, accourus à ce signal, se précipitèrent dans Nîmes, et la traitèrent comme une ville prise d'assaut.

Le calme semblait renaître aussi depuis quelques jours, lorsque l'avant-veille des élections de 1815, *seize personnes* furent égorgées et portées à la voirie en plein jour.

Oui, le calme règne, mais la rage d'un côté et le désespoir de l'autre possèdent tous les esprits. Le calme règne, mais les partis s'observent en frémissant.

Et, comment en serait-il autrement? Naguère les implacables reconnaissaient par leur silence l'équité de cette tardive satisfaction accordée aux mânes des victimes de 1815. Ils se taisaient sur les arrêts de la cour d'assises de Riom. Après avoir conçu le projet d'envoyer à Riom un avocat dévoué pour y défendre Servant et Truphemy, ils reculèrent devant ce grand scandale. Eh bien! aujourd'hui, ils disent partout..... Grand Dieu !..... Ils disent que Servant était innocent!!! Et telle est la terreur qu'inspire une si extrême audace, que j'ai entendu un citoyen recommandable se faire l'écho de ces discours et me dire « *le sang innocent vient d'être répandu à Riom.*

Je consens à ne point parler de la souscription ouverte en faveur de Truphemy; mais ce qu'ils n'oseront pas nier, c'est d'avoir envoyé à Valence pour y défendre ce grand coupable rival et peut-être maître de Trestaillons, le major de leur garde-nationale, membre du bareau de Nîmes. Cet avocat qui avait obtenu un triomphe dans l'honorable défense de Boisson, l'assassin du général Lagarde, a été moins heureux dans la défense de Truphémy; mais il lui a évité une condamnation capitale. Aussitôt on a vu la faction semant partout d'incroyables discours sur le malheur de Servant qui, disent-ils, aurait été acquitté si son jugement avait été retardé de trois mois; sur la sévérité de l'arrêt de Truphemy pour lequel ils ont l'impudence d'annoncer un recours en grâce.

Toutes les sourdes provocations sont employées : mêmes menées qu'en 1815, 1816 et 1817 au mois de mars. Annónce du débarquement de Napoléon, affiches de placards incendiaires : et si dans Nîmes ils ne poussent pas encore des cris séditieux, on le doit à la crainte que leur inspire l'intrépidité du procureur du Roi; on le doit au souvenir de la condamnation qui, sur les poursuites de ce magistrat, fut prononcée l'année dernière contre le sieur Bois de Milhau, dont le jugement a légalement constaté que le sieur Bois avait eu plusieurs conférences avec son ami Trestaillons avant de proférer dans les campagnes *ces cris de vive l'empereur*, que Bois et son digne ami espéraient pouvoir attribuer aux protestans.

Enfin, pour achever de troubler les esprits et compléter la terreur, ils ne daignent plus cacher que leur garde nationale est armée. Ils disent qu'elle va bientôt obtenir une ordonnance qui lui rendra une existence légale; ils ajoutent dans leur folle jactance qu'elle veut solliciter l'honneur de servir d'avant-garde à la Sainte-Alliance, pour aller faire rentrer l'Espagne dans le devoir. Loin de bannir les prolétaires de leurs rangs, ils veulent y rappeler une poignée de misérables qu'ils avaient été obligés d'éloigner lorsqu'ils voulurent apaiser par un commencement d'épuration le général Lagarde dont le nom héroïque se lie à tout ce qui a pu soulager les souffrances de ces malheureuses contrées.

Je me fais un devoir de reconnaître (et certes ce n'est point par un sentiment de crainte, mais d'équité, que je me plais à consigner ici cette vérité); je reconnais que beaucoup de citoyens très-honnêtes ne sont entrés dans cette garde nationale que dans l'espoir de lui imprimer une bonne direction; qu'ils n'y sont restés qu'afin d'empêcher que son exaltation ne devînt encore plus dangereuse; et que si, malgré l'inutilité de leurs efforts, ils n'en sont pas sortis, ils n'ont pas cessé de gémir hautement des excès dont ce corps a toujours été le complaisant et immobile témoin : voilà ce que je dois dire de beaucoup d'individus, mais quant à l'esprit du corps, il a été jugé par la France.

Députés de la nation, je vous conjure d'interposer vos

recommandations auprès des ministres de Sa Majesté pour faire opérer le désarmement de cette redoutable garde nationale.

Je vous conjure d'en prévenir la réorganisation, si vous regardez comme le plusgrand des fléaux la guerre civile.

N'en serait-elle pas le signal, la réorganisation de cette garde? je vous adjure de le déclarer, vous, membre de la Chambre des députés, alors un des ministres du Roi, et sous le ministère de qui nous reçûmes le bienfait de son licenciement.

D'autres calamités nous sont annoncées, et nous devons les regarder comme certaines depuis que nous savons qu'elles ont été sollicitées par les mêmes hommes qui viennent d'obtenir l'expulsion de la garnison. Les implacables se vantent du renvoi du procureur du roi et du maire de Nîmes : et en effet, les ministres aux moyens extrêmes, les ministres qui ne veulent que sept hommes par département, doivent réserver à ces deux courageux magistrats l'honneur des deux premières lettres de cachet qui sortiront de leur portefeuille.

Une demande d'une haute importance me reste à présenter à la Chambre. Mais pour lui en démontrer l'urgence. pour lui démontrer que c'est à elle seule que je pourrais recourir, quelques considérations générales et rapides sont nécessaires sur la position des divers corps de magistrature en France.

Les uns, au moment de la grande calamité, se sont renfermés dans le langage d'une douleur profonde; d'autres ont mêlé à leurs soupirs des accusations : aussitôt (et sans doute au grand regret de ces magistrats), une faction s'est emparée de leurs paroles et a prononcé l'anathème contre les magistrats qui n'ont accueilli ni propagé la pensée d'une vaste et générale conspiration. Il en est arrivé que dans cette crise où une faction s'élance vers le pouvoir et paraît certaine de s'en saisir, une partie de la magistrature s'est trouvée de fait dépouillée de son autorité par l'influence des implacables auprès de qui toute modération est un crime, et qui taxent de lâcheté des actes d'une haute sagesse.

Des magistrats, égarés par des traditions funestes, prendraient-ils pour de la fermeté la barbare et insolente obstination que mirent (dit-on) leurs devanciers à ne point réhabiliter la mémoire de Calas ? prendraient-ils pour du dévouement ce déplorable zèle à séparer la nation du monarque et ces insultes à la douleur d'un peuple généreux qui s'est uni si vivement à la douleur de son roi ?

S'élançant avec violence hors des attributions dans lesquelles nos lois, d'accord avec l'expérience, les ont si heureusement renfermés, pour la commune tranquillité des princes et des sujets, ils ont soumis la France entière à leur véhémente mercuriale ; ils ont fulminé un acte d'accusation où chacun se trouve inculpé ; que dis-je ! importunés qu'ils paraissent être de vos prérogatives, ils étendent déjà leur haute police jusqu'à vous, messieurs de la Chambre des députés. Ils font peser leurs remontrances hautaines sur quelques-uns de vos collègues dont ils dénaturent les opinions pour les frapper d'anathème.

Parce qu'un monstre exécrable a profané des mots sacrés, après avoir commis un parricide, ils accusent les doctrines libérales ! ! ! et ils semblent oublier les attentats auxquels, dans tous les temps, une religion sainte a servi de prétexte ; ils oublient qu'un prêtre, respectable jusqu'alors, courageusement dévoué jusqu'alors aux victimes de la persécution, a été contraint à la plus cruelle expiation de cette conduite évangélique ; qu'il a été obligé, sous peine de mort, à demander en rougissant, à un de nos princes, la liberté de Trestaillons, arrêté par ordre du général Lagarde. Ils oublient les belles paroles par lesquelles ce prince rappela à ce pasteur et ses devoirs et sa vie passée ; ils oublient que sous leurs yeux Lagarde et Ramel, tous deux représentans du roi, sont tombés sous le fer meurtrier, AUX CRIS DE VIVE LE ROI; ils oublient enfin que c'est encore sous leurs yeux que les assassins de Lagarde et de Ramel ont été acquittés aux cris DE VIVE LE ROI; et lorsque pas un de ces écrivains qu'ils dénoncent n'a eu l'impiété d'accuser ni le roi ni la religion, de tant de forfaits commis en leur nom, ils ne craignent pas d'accuser du forfait le plus abominable ces écrivains généreux et tout un peuple encore noyé dans les larmes, et dont ils semblent ne comprendre ni la générosité ni les vœux.

Magistrats des cours royales du midi, l'ame du monarque est déjà en proie à trop d'afflictions! ne la troublons pas davantage par des conseils violens. Commençons par rendre la sécurité aux peuples dont l'épouvante est entretenue par l'impunité des assassins de Brune, de Lagarde et de Ramel. Comprimons par notre fermeté les véritables anarchistes, les véritables factieux, ceux qui ont conduit les bras des *Verdets*, ceux qui ont organisé ces sociétés secrètes, tribunaux véimiques, qui menacent de renverser les nôtres. Si après ces actes de justice que nous devons au peuple, nous le trouvons encore indocile, ou défiant, ah! c'est alors que nous aurons vraiment acquis le droit de l'accuser et de le punir.

Magistrats des cours royales du midi, je vous en conjure au nom du roi et de la patrie, écoutez moi! Si vous portez le poids d'une grande ame et d'une noble ambition, écoutez-moi! Nos institutions les plus saintes peuvent incessamment être renversées par les atteintes qui leur sont portées sans relâche par des furieux réunis à des hommes pusillanimes. Avant le choc effroyable que cette criminelle témérité prépare, hâtons-nous d'acquérir des titres à la reconnaissance et au respect des peuples, si nous voulons pouvoir lui offrir au milieu des orages une salutaire médiation. Que ceux d'entre vous qui regrettent peut-être les privilèges des anciens magistrats, se rappellent aussi les glorieux exemples qu'il nous ont laissés ; je sais qu'on les vit tour-à-tour esclaves prosternés sous le fouet de Louis XIV, et tribuns redoutables sous l'infortuné Louis XVI. Mais s'ils ne nous avaient légué que ces souvenirs, la postérité qui a déjà commencé pour eux ne leur accorderait pas ce tribut de vénération et de reconnaissance que les générations futures leur payeront comme nous.

Imitons-les dans leur héréditaire et inébranlable fermeté contre les usurpations de l'homme. Et si la gravité des circonstances nous paraît excuser et légitimer des démarches inaccoutumées, oui, portons au pied du trône des doléances, mais dans lesquelles nous peindrons au monarque la désolation publique à l'approche de ce concordat que les ministres laissent suspendu sur nos têtes ; de ce concordat qui menace d'envahir la France, et qui complétera son déshonneur quand elle aura perdu d'autres libertés attaquées en ce moment avec autant d'imprévoyance que de fureur.

Magistrats des cours royales du midi, ce que nos devanciers auraient envisagé comme de simples devoirs, nous paraît encore des vertus difficiles d'atteindre. Ne soyons donc pas plus sévères pour la nation, qui nous juge à son tour, que les étrangers dont elle a conquis l'estime. Ne l'accusons pas, cette nation, et laissons au roi seul à décider si son peuple n'a pas été encore plus calme, encore plus résigné, encore plus grand dans ses fortunes, que les magistrats n'ont été intrépides dans l'accomplissement de leurs devoirs.

Qu'on me pardonne des observations trop fondées, et qu'on ne m'accuse point de m'ériger sans besoin et sans droit en juge des discours de plusieurs corps de magistrature : comme Français et comme magistrat moi-même ; j'ai le droit et peut-être le devoir d'opposer ces salutaires réflexions *aux écarts d'un zèle trop ardent.* J'ai la conscience de n'avoir rien dit qui doive être repris; j'ai la conscience de n'avoir point, par ces paroles, diminué la dignité de la toge. C'est vous que j'en atteste, vous, sage et courageux député qui êtes à la fois le chef et la gloire de la cour de Nîmes; et vous magistrat aussi intègre qu'intrépide député, vous que la magistrature eut la douleur de voir repousser de son sein à l'époque où une première présidence récompensait les services d'un procureur général, célèbre en 1816 et 1817, pour prouver à la chambre que l'influence de la faction aux notes secrètes, pèse du moins en quelques lieux sur la magistrature, d'une manière non moins funeste en 1820 que dans les années antérieures ; je pourrais l'entretenir d'un outrage également affligeant pour la morale publique et pour la dignité de la cour royale, qui vient de se voir dans la nécessité de le tolérer sans se plaindre. Je consens à me taire sur ce point : il est des voiles que je ne veux pas déchirer; mais je vous le demande, Députés de la nation, par quelle force serait appuyée l'exécution de l'art. 235 (*) du Code d'instruction criminelle, article qui jusqu'à présent n'a été invoqué qu'une fois en faveur des Suisses ! ! !

Quel ministre même se croirait assez puissant pour oser ordonner en ce moment la poursuite des hommes qui ont suicidé le maréchal Brune ? ? ?

Et cependant, si au moment où l'on ose répandre que Truphémy demandera sa grâce et que Servant est un martyr, aucune poursuite n'est dirigée contre leurs complices : au premier désordre, les chefs de la faction pourront, en frappant du pied la terre, en faire sortir ici, je ne dis pas une bande, mais une armée d'assassins.

Vous seuls, Députés de la nation, pouvez demander ces exemples de justice aujourd'hui indispensables; vous seuls pouvez par votre intervention arrêter cette puissance secrète aussi forte qu'indéfinissable et qui semble paralyser

(*) Cet article porte que les cours royales peuvent prendre l'initiative dans la poursuite des crimes et délits.

les honorables intentions du ministère actuel. Loin de moi a pensée de vouloir diminuer la haute estime dont je vois en possession plusieurs hommes placés à la tête des affaires et dont les noms réclament un respect qu'il serait si doux pour les bons citoyens d'accorder à leurs actes. Loin de moi l'idée qu'on ne peut fonder aucune espérance sur un ministère, où je trouve un homme que je suis accoutumé dès l'enfance à respecter et qui a partagé avec mon père les douleurs de l'exil du 18 fructidor; où je trouve ce grand magistrat dont le courage et le talent brillèrent d'un si vif éclat dans son discours mémorable prononcé il y a un an à pareil jour que celui-ci.

Hélas! qui nous eût dit, lorsque les criminels furent glacés d'effroi par ce discours plein de franchise et d'énergie, qu'un an après ces criminels seraient, non-seulement impunis, mais menaçans? Non, ce n'est pas vous que la France accuse, vous à qui j'adresse d'autant plus hautement cet hommage, que la magistrature en deuil cessera de vous avoir pour chef dès que le pouvoir aura été saisi par les hommes de nos adversités.

Elle en accuse cette redoutable faction qui connaît tous les engagemens autres que celui pris avec ses sicaires de les protéger contre la vengeance des lois.

Députés de la nation, demandez justice dans l'intérêt du département du Gard tout entier; demandez aux ministres de poursuivre Truphémy et Trestaillons, mais loin de Nîmes et des départemens du midi.

Mon honorable ami, le procureur du roi de Nîmes, en acceptant ses difficiles fonctions il y a quinze mois, déclara avec franchise qu'il ne s'imposait pas l'obligation d'accéder aux demandes que lui présentaient en foule les familles des victimes de 1815, et qu'il ne croyait pas avoir été nommé précisément pour appurer un effroyable arriéré; qu'il croyait pouvoir garantir par sa fermeté la tranquillité de l'avenir, sans remonter vers le passé; qu'à la vérité tous les crimes qu'on voulait punir étaient des crimes individuels, mais que le nombre des assassins était si grand, que la pensée de les punir tous était affligeante; que plusieurs années s'étant déjà écoulées, un choix parmi ces grands criminels, était un acte qui semblait n'appartenir qu'au gouvernement; qu'enfin les coupables de 1815, seraient par lui poursuivis sans faiblesse comme sans délai, dès qu'ils se rendraient coupables de quelque faute nouvelle. Les mouvemens de mars ayant eu lieu, et Truphémy s'y étant fait remarquer ainsi que Servant, ils furent poursuivis.

J'applaudis à cette règle de conduite du procureur du roi, et chacun sait quels efforts je n'ai cessé de faire pour apaiser les plaintes de ceux qui s'irritaient de ces refus.

Je répétais que ce sacrifice était nécessaire à la paix publique; que les instigateurs des forfaits de 1815 seraient sans doute les premiers à exhorter leurs satellites à se faire oublier et à rester tranquilles, puisque ce n'était qu'à cette condition qu'ils pourraient échapper aux poursuites.

Enfin, lors du procès de Truphémy et de Servant, j'insistais plus fortement que jamais sur la nécessité de ne poursuivre les auteurs des faits de 1815, que dans le cas où ils montreraient, par des excès nouveaux, l'intention de retomber dans les mêmes crimes.

Ces deux grands exemples de Servant et de Truphémy semblaient avoir amené leurs complices à une crainte salutaire; plusieurs s'étaient éloignés de Nîmes, les autres continuaient à y rester, mais sans encourir de nouveaux reproches.

Depuis un mois tout a changé; les fugitifs sont rentrés fièrement, ils parlent de Servant avec attendrissement, de Truphémy avec confiance; ils ne se montrent pas encore en armes, mais déjà leurs regards sont menaçans.

Les temps ont entièrement changé. Voilà pourquoi je vous supplie, messieurs les Députés, de demander que des poursuites soient dirigées contre Truphémy et Trestaillons. Contre ce dernier, pour les horreurs qui lui ont valu son effrayante réputation. Quant à Truphémy, acquitté à Nîmes, en 1816, pour vol commis à main armée, et avoué par lui sur le banc même des accusés, il vient d'échapper à la peine capitale pour le meurtre de l'officier qu'il égorgea le 2 août; mais il reste à le poursuivre encore pour des assassinats sur onze dont il s'est publiquement vanté! Voilà l'homme pour lequel ils veulent former un recours en grâce!!

Eh bien, qu'en sa double qualité d'avocat et de major de la garde nationale de Nîmes, le défenseur de Boisson aille dix fois encore arracher Truphémy aux cours d'assises; que dix fois encore le scandale de son acquittement achève de faire connaître à la France le pouvoir et le dessein d'une faction contre laquelle la justice n'a plus de force.

Eh quoi! cette amnistie que la chambre de 1815 elle-même n'osa pas accorder aux assassins du midi, quoiqu'un député la sollicitât si vivement, l'obtiendraient-ils aujourd'hui sans la demander? Eh quoi! sont-ils donc plus forts aujourd'hui qu'en 1815, où un député du Gard implorait vainement leur pardon? Des paroles fameuses leur ont-elles déjà persuadé qu'ainsi que le *despotisme se prend et ne se demande pas*, de même les hommes forts et habiles s'assurent l'amnistie, sans s'abaisser à la mériter par le repentir?

Les terreurs de la France entière et l'agitation de ce malheureux département, m'annoncent assez que les hommes de 1815 vont envahir le pouvoir; et c'est précisément à cause de cela qu'il faut demander la punition de Truphémy et de Trestaillons. Députés de la France, plaçons d'avance les hommes de nos adversités dans cette terrible alternative, ou de voir leur complicité révélée par leurs propres sicaires, s'ils les laissent condamner après leur avoir si long-temps promis et si long-temps assuré l'impunité, ou de voir cette complicité déjà si évidente, encore mieux prouvée par l'acquittement des monstres dont ils arment le bras.

Députés de la France, demandez justice avec moi ; si vous ne l'obtenez pas, vous aurez du moins l'avantage de faire peser l'ignominie de ces acquittemens sur une faction que déjà le mépris accable, et qui doit enfin succomber sous le poids de la honte.

Trestaillons et Truphémy ont été les deux chefs principaux des assassins de Nîmes, ils ont présidé aux massacres commis l'avant-veille des élections de 1815, et qui furent accompagnés de tous les raffinemens de la barbarie. Ils escortaient ce fatal tombereau qui attendaient les victimes à la porte de leurs maisons, et les portait à la voirie quand elles avaient été frappées. Trois fois en plein jour ce tombereau traversa Nîmes pour aller déposer et reprendre un effroyable chargement. Voilà sous quels auspices ont été faites les élections de 1815.

Un député du Gard, qui était en même temps magistrat, demanda pour ces hommes une amnistie. Comme lui je suis magistrat, et c'est ce qui m'oblige à demander justice contre eux au nom des familles de leurs victimes.

Si quelques-uns de ces hommes, qui, à une époque désastreuse, étouffèrent la voix du courageux d'Argenson, rejettent mon témoignage ; si même ils m'accusent d'exagération, ils m'obligeront à vous parler de ces proclamations incendiaires qui, loin de vouloir calmer la rage des bourreaux, allaient soulever la lie du peuple, au milieu de ses plus impurs élémens.

Je ferai retentir cet arrêté d'un commissaire extraordinaire, qui, le 20 juillet 1815 (observez cette date), à l'époque la plus féconde en pillages et en assassinats, ordonnait à des infortunés qui avaient fui pour éviter la mort, de rentrer dans Nîmes dans le délai de huit jours, sous peine de séquestration de biens.

Les despotes de l'Asie, moins cruels et moins absurdes, envoyent à leurs esclaves le cordon fatal, mais jamais ils ne leur ordonnent de venir le chercher ! !

Je parlerai de ce sous-préfet, sous les fenêtres de qui six prisonniers furent fusillés à Uzès, sans avoir obtenu même un simulacre de jugement.

Hommes impitoyables, je parlerai aussi de cet autre fonctionnaire plus relevé, qu'un pasteur s'efforçait d'émouvoir par le récit déchirant du supplice de plusieurs femmes fouettées par le peuple avec des battoirs garnis de pointes aigües, et qui répondit en souriant : *Allez, monsieur, les magistrats de Paris auraient trop à faire, s'ils avaient à s'occuper des querellesde la place Maubert.*

Je parlerai de ces misérables qui, après avoir pillé et brûlé le château de Vaqueirolles, arrachèrent du tombeau, où elle avait été ensevelie depuis peu de jours, le corps de mademoiselle N****, morte à l'âge de quinze ans, et qui, après avoir sorti ce cadavre du cercueil.... *Conculcaverunt corpus exanimum et super illud minxerunt.*

Je parlerai de ces danses de Cannibales autour du bûcher du malheureux Ladet, jeté vivant dans les flammes, où ses bourreaux le firent expirer.

Je parlerai de ces prisonniers français abandonnés sans pitié à la justice militaire autrichienne par des magistrats et des administrateurs français qui entendirent donner dans un banquet l'ordre de faire mourir les prisonniers sans s'y opposer et sans les réclamer.

Je parlerai du massacre qui suivit la capitulation du 13e régiment de ligne, et des mille apologies imprimées de cette atrocité.

Hommes de 1815, je nommerai, je compterai les quatre-vingt-cinq victimes que vos sicaires ont égorgées à Uzès ou à Nîmes, non compris les malheureux soldats du 13e de ligne.

Honnêtes gens par excellence, implacables de 1815, acceptez le défi que je vous porte à mon tour, demandez une enquête sur cette lamentable époque. Il faut que la France apprenne par cette enquête, ou que le garde-des-sceaux, M. de Saint-Aulaire, M. d'Argenson et moi nous sommes d'infâmes calomniateurs, ou que vous avez été des monstres de cruautés.

Députés de la nation, je pourrais ajouter d'autres traits à cet horrible tableau, je pourrais en dire beaucoup plus, mais j'aurais été coupable d'en dire moins.

Ma voix vient de rendre témoignage à la vérité : je renouvellerai ce témoignage, toutes les fois que j'aurai lieu de craindre de voir renouveler cette monstrueuse persécution.

Aucune puissance sous le ciel ne pourra m'empêcher d'être pitoyable et juste. Le moment actuel réclame encore plus ce devoir, et c'est alors que les victimes d'atrocités inouies gémissent sous un vaste système de calomnies; c'est quand on s'efforce d'éterniser les défiances du gouvernement, et d'étouffer dans leur principe les sentimens réciproques de sécurité et d'amour, c'est alors qu'il convient le mieux d'invoquer à la fois la justice et la pitié.

Messieurs les Députés, je vous supplie de vouloir bien renvoyer ma pétition au conseil des ministres, avec la recommandation d'examiner :

1° S'il n'est pas d'une indispensable nécessité de laisser Nîmes garantie par une garnison aussi forte que celle qui va lui être enlevée.

2° S'il ne doit pas être enjoint à tous les commandans des forces armées, conformément aux lois et ordonnances en vigueur, de ne porter d'autres circulaires ou dépêches que celles du gouvernement.

3° Si l'action du ministère public ne doit pas cesser d'être arrêtée relativement au moins à Truphémy et à Trestaillons.

4° S'il n'est pas indispensable de juger ces deux hommes

au moins à quarante lieues de Nîmes et hors des départemens du midi.

5° S'il n'est pas également nécessaire que la police administrative interdise aux anciens gardes nationaux de Nîmes les signes de ralliement et uniformes qui ne sont autorisés que pour les corps légalement organisés.

6° Enfin, s'il n'est pas très-urgent de faire exécuter le désarmement effectif de la garde nationale de Nîmes.

Au moment de finir et de signer cette pétition, je ne puis me défendre des terreurs qui viennent ébranler mon âme.. Mais quoi! ces infortunés au sort desquels je me suis uni pour jamais, que j'ai consolés, que j'ai préservés du désespoir pendant leurs infortunes, en ne cessant de les entretenir de la sagesse et de la bonté du Roi; ces hommes dont je m'efforçai d'arrêter la juste colère au mois de mars dernier, auront-ils à me reprocher d'avoir exigé d'eux des sacrifices entièrement inutiles? auront-ils à me reprocher d'avoir négligé une dernière tentative en leur faveur, lorsque leurs ennemis préparent leurs armes en silence? Non, je n'hésite plus à accomplir mon devoir.... Députés, je ne vous implore que pour ce département, ma patrie adoptive : je ne vous demande rien pour ma famille. Ah! si je dois un jour succomber sous les poignards des assassins dont je suis environné, je n'ai pas besoin de vous reccommander mes deux fils, ils sont assez riches de mon exemple et de mon nom.

Daignez agréer l'hommage du profond respect avec lequel j'ai l'honneur d'être, messieurs les Députés,

Votre très-humble et très-obéissant serviteur.

MADIER DE MONTJAU.

Nîmes, 23 mars 1820.

CONSIDÉRATIONS CONSTITUTIONNELLES

SUR LA PÉTITION

DE M. MADIER DE MONTJAU,

PAR M. JAY.

M. DE MONTJAU assure que le ministère a eu connaissance des faits contenus dans sa pétition. « Les ministres con« naissent aussi, dit-il, le redoutable factieux qui a rédigé et envoyé ces trente-cinq circulaires. » Le courageux magistrat de Nîmes offre de nommer ce factieux devant les tribunaux. C'est le même qui disait en 1815, à une personne coupable d'avoir sauvé la vie au maréchal Soult : « *Quoi*, monsieur, *vous venez devant moi vous vanter « d'avoir sauvé la vie au maréchal Soult, après l'avoir « fait arrêter! Apprenez de moi que dans les conjonc« tures où nous sommes, on n'arrête pas un maréchal de « France, on le tue.* » Il paraît que c'est au même factieux que nous devons les fameuses notes secrètes.

M. de Montjau défie les révolutionnaires de Nîmes de nier ces faits. Ils ne nieront pas non plus les conciliabules qu'ils tenaient au mois de janvier dernier, pour faire l'inspection secrète de leur garde nationale, et combiner les calomnies dont ils avaient besoin, pour éloigner une garnison qui ne voulait pas *fraterniser* avec leurs bandes d'assassins. Ces projets échouèrent au mois de janvier; depuis ils ont réussi : des troupes suisses vont remplacer l'ancienne garnison de Nimes, trop amie de l'ordre et de la paix.

Ici, M. de Montjau s'adresse aux ministres, et les conjure de ne pas laisser Nîmes un seul jour sans une garnison forte et inaccessible à l'esprit de parti. Il les conjure de prévenir de sanglantes catastrophes; car les citoyens menacés ont pris la ferme résolution de se protéger eux-mêmes, si les lois cessaient de les protéger, et de disputer courageusement leur vie au fer des assassins. « Le calme

« règne encore, dit-il, mais la rage d'un côté, et le dé-« sespoir de l'autre possèdent tous les esprits. Le calme « règne, mais les partis s'observent en frémissant. »

Un fait rapporté par M. de Montjau révèle la cause de ces provocations séditieuses dont les utra-royalistes profitent pour calomnier le peuple français. Le jugement d'un *sieur Bois de Milhau* a constaté : « Que le sieur *Bois* avait « eu plusieurs conférences avec son ami Trestaillons « (*Troistaillons*) (1), avant de proférer dans les campagnes « ces cris de *vive l'empereur!* que *Bois* et son digne ami « espéraient pouvoir attribuer aux protestans. »

L'audace de ces hommes de malheur, qui pillent au nom de la religion, et assassinent aux cris de *vive le roi*, est aujourd'hui à son comble; ils arment leur garde nationale, et s'apprêtent à la réorganiser; de sorte que tout sera prêt à l'avènement du ministère ultra pour commencer la guerre civile. En attendant cette époque si impatiemment attendue, on s'efforce d'obtenir le renvoi du procureur du roi et du maire de Nîmes, deux hommes courageux et probes qui n'entendent rien aux moyens extrêmes, qui ne savent qu'obéir à leur conscience et remplir leur devoir.

Le respectable pétionnaire observe avec amertume que la redoutable influence des hommes de 1815 s'exerce même sur les tribunaux où la loi seule devrait régner. Il rappelle, en gémissant, l'impunité des assassins du maréchal Brune, des généraux Lagarde et Ramel, des protestans massacrés en 1815 aux portes du collége électoral de Nîmes. Cette effrayante impunité consterne les bons citoyens et atteste l'impuissance de la justice; il voudrait que les magistrats du Midi eussent assez de fermeté pour comprimer les véritables anarchistes, ceux qui ont conduit les coups des *verdets* ou *verdelets*, ceux qui ont formé les sociétés secrètes, ateliers ténébreux où la vengeance forge ses armes, et où le crime s'élabore.

Il ne reste qu'un seul moyen d'éviter de grands malheurs, et de replacer les habitans du Midi sous la protection des lois; c'est de mettre en jugement Truphémy et Trestaillons; le premier a été acquitté à Nîmes en 1816 pour vol commis à main armée; il vient d'échapper à la peine capitale pour le meurtre d'un officier qu'il égorgea le 2 août; mais comme il s'est publiquement vanté de onze assassinats, assez de crimes impunis pèsent sur sa tête pour que

(1) Cet ultra-royaliste a reçu le sobriquet de *Troistaillons*, parce qu'après avoir tué un protestant, il a coutume, dit-on, de couper le cadavre en trois morceaux.

la justice puisse atteindre ce criminel. Quant à Trestaillons qui s'est acquis une si horrible célébrité, il présidait avec Truphémy aux massacres des malheureux protestans. Ces deux ultra-royalistes escortaient le fatal tombereau qui portait les cadavres à la voirie. Trois fois, en plein jour, ce tombereau traversa Nîmes pour aller déposer et reprendre son effroyable chargement. Voilà sous quels favorables auspices s'ouvrirent les élections qui enfantèrent monstrueusement la chambre ardente de 1815.

M. de Montjau ne pense pas que personne soit assez téméraire pour nier les faits qu'il avance, si la moindre dénégation s'élève il offrira le tableau dévoilé des épouvantables excès dont le département du Gard a été le théâtre; il rappellera les proclamations incendiaires destinées à irriter la rage des bourreaux; il parlera de ces détenus fusillés à Uzès; il citera cette réponse d'un magistrat à un pasteur qui s'efforçait de l'émouvoir en faveur de plusieurs femmes que les ultra-royalistes fouettaient impitoyablement avec des battoirs garnis de pointes aiguës. « *Allez*, « lui répondit ce fonctionnaire en souriant, *allez monsieur; les magistrats de Paris auraient bien à faire s'ils avaient à s'occuper des querelles de la place Maubert.* » M. de Montjau n'oubliera ni les danses des cannibales autour du bûcher du malheureux Ladet, jeté vivant dans les flammes, ni les outrages commis sur le cadavre d'une jeune protestante, âgée de quinze ans, outrages que la pudeur le force à exprimer en latin, et sur lesquels je n'ose arrêter l'imagination du lecteur.

Passons rapidement sur d'autres faits non moins odieux sur ces prisonniers qui furent exécutés au sortir d'un banquet; sur le massacre qui suivit la capitulation du 13e régiment de ligne; sur les quatre-vingt-cinq victimes dont le sang fut répandu à la même époque. M. de Montjau assure qu'il peut les compter et les nommer; puis, il s'écrie: « Honnêtes gens par excellence, acceptez le défi que « je vous porte à mon tour. Demandez une enquête sur « cette lamentable époque. Il faut que la France apprenne « sur cette enquête, ou que M. le garde des sceaux (M. de « Serres), M. de Saint-Aulaire, M. d'Argenson et moi « nous sommes des calomniateurs, ou que vous avez été « des monstres de cruautés. »

Après cette juste et véhémente apostrophe, M. de Montjau supplie la chambre des Députés de renvoyer sa pétition au conseil des ministres, avec la recommandation d'examiner.

« 1° S'il n'est pas d'une indispensable nécessité de laisser

« la ville de Nîmes garantie par une garnison aussi forte
« que celle qui va lui être enlevée ;

« 2° S'il ne doit pas être enjoint à tous les commandans « des forces armées de ne porter d'autres circulaires ou « dépêches que celles du gouvernement ;

« 3° Si l'action du ministère public ne doit pas cesser « d'être arrêtée, relativement du moins à Truphémy et « à Trestaillons ;

« 4° S'il n'est pas indispensable de juger ces deux « hommes hors du département du Gard ;

« 5° S'il n'est pas également nécessaire que la police « administrative interdise aux anciens gardes nationaux « de Nîmes les signes de ralliement et les uniformes qui « ne sont autorisés que pour les corps légalement orga- « nisés ;

« 6° Enfin, s'il n'est pas très-urgent de faire exé- « cuter le désarmement effectif de la garde nationale de « Nîmes. »

M. de Montjau, en signant cette pétition, n'a pu se défendre de quelques terreurs ; il se dévoue par cette noble démarche aux poignards des assassins : c'est en présence de la mort qu'il écrit ; mais son devoir, mais le salut de son pays l'emportent sur la certitude des dangers auxquels il s'expose ; l'héroïsme des la Vaquerie, des Mathieu Molé, revit dans ce magistrat. Ce qui est digne de remarque, c'est l'attachement que M. de Montjau professe pour le roi et son auguste famille ; de sorte qu'il pourrait dire, comme son devancier et son modèle, Achille de Harlay : « Mon âme est à Dieu, mon cœur au roi : et quant à « mon corps, je l'abandonne aux méchans qui désolent « le royaume. »

Telle est la fidèle analyse de la pétition de M. Madier de Montjau, pétition que la chambre des Députés ne saurait repousser par l'ordre du jour, sans les plus graves inconvéniens pour elle-même, pour la France, pour l'autorité royale. Les réflexions naissent en foule à la lecture de ce document historique. Je vais choisir celles qui se présentent le plus naturellement à l'esprit.

J'ai dit que la faction ultra-royaliste était ennemie de l'indépendance du trône. Qui pourrait en douter ; lorsqu'elle se vante hautement d'avoir forcé le monarque à éloigner un ministre qui jouissait de sa confiance ? « *S'il « n'est pas chassé, nous l'arracherons de son poste* ». écrivent-ils avec arrogance. Ainsi il reste bien constaté qu'il y a deux gouvernemens en France, l'un ostensible, l'autre secret ; que ce dernier est parfaitement organisé, qu'il entretient des correspondances actives sur tous les points du royaume; qu'il expédie des estafettes, qu'il envoie des ordres, que ces ordres sont fidèlement exécutés; qu'il a une force armée à sa disposition, des fonds en réserve pour la solder; enfin qu'il peut tout-à-coup surgir des ténèbres et soumettre la France à un joug de fer. En exigeant impérieusement le renvoi d'un ministre qui avait encouru sa haine, il a fait l'essai de sa puissance. Il ne saurait en rester là; l'ambition s'accroît par le succès. Déjà son influence sur le ministère n'est pas douteuse; il commande des destitutions, il paraît dicter jusqu'au langage des ministres.

Ce n'est pas sans peine que j'en fais l'observation; les ministres se livrent aussi à ces accusations vagues contre les doctrines qui, n'offrant rien de déterminé, peuvent servir de prétexte à toutes les calomnies, à toutes les vengeances. Ne vaudrait-il pas mieux rédiger un symbole de foi politique, qui nous servirait de point de comparaison pour savoir si nous sommes orthodoxes ou hérétiques? Il y aurait au moins quelque chose de positif dans cette manière de jauger les doctrines. L'inquisition elle-même fixait les croyances: quelque goût qu'on ait pour l'arbitraire, on pourrait se contenter de celui de l'inquisition.

Il est hors de doute qu'en recommandant à leurs affidés d'insister dans la fabrication de leurs adresses sur l'anéantissement des *doctrines libérales*, les membres du comité directeur entendent les doctrines constitutionelles, c'est-à-dire les principes qui garantissent la légitimité des droits du peuple aussi bien que la légitimité des droits du trône. Il ne reste qu'une difficulté, c'est que, pour anéantir ces doctrines, il faudrait détruire la nation française; car ces principes font sa gloire et feront tôt ou tard son bonheur. La persécution ne ferait qu'étendre leur empire. Quoi que puissent imaginer les hommes qui proposent si heureusement, comme un excellent modèle, les proscriptions de 93, on n'étouffe point les doctrines dans le sang; le poignard d'un Truphémy ne saurait atteindre une opinion; les opinions survivent à toutes les catastrophes, lorsqu'elles sont conformes aux besoins, aux intérêts, aux vœux des peuples, lorsqu'elles sont fondées sur l'éternelle justice, sur l'éternelle vérité.

Les ministres paraissent croire que l'agitation de ces esprits, cette fermentation dont l'existence ne peut être contestée, tient à l'accroissement progressif des théories libérales. C'est une dangereuse erreur, c'est une erreur qui peut amener les plus fâcheux résultats. M. de Montjau s'est chargé d'éclairer le ministère, et je vais ajouter quelques considérations à ses excellentes remarques.

Oui, sans doute, il existe une agitation réelle dans les esprits, et cette agitation peut devenir dangereuse. Vous en cherchez la cause ; elle est auprès de vous ; elle est dans l'existence de ce comité directeur qui vous impose des lois, qui s'occupe nuit et jour à tenir les passions soulevées, à armer une partie de la population contre l'autre partie, qui dicte des adresses empreintes de ses fureurs, qui couvre notre avenir de ténèbres et d'orages. Vous vous déchaînez contre certains écrivains ; mais pourquoi ne parlez-vous pas de ceux qui ont porté la licence à son comble ; de ceux qui, au milieu de l'affliction publique, ont appelé la vengeance, provoqué la guerre civile, donné les plus scandaleux exemples de mensonge et de diffamation ? Où est la justice, où est la force dans ces pusillanimes réticences ? Serait-ce que ces écrivains accusent, défendent, calomnient ou se taisent suivant les ordres du gouvernement occulte ? Ce n'est donc pas vous qui gouvernez ? Hé bien ! c'est encore là une des causes les plus actives de l'inquiétude générale. Votre dépendance est connue ; quelle confiance voulez-vous qu'on ait dans vos promesses, quelle sécurité dans votre modération ? Savons-nous si vous serez libres d'acquitter vos promesses ; si l'on daignera vous permettre la modération ?

Osera-t-on nier les circulaires, les faits cités par M. de Montjau ? Mais ce qui s'est passé à Paris, à une récente et douloureuse époque, ne confirme-t-il pas le témoignage de ce vénérable magistrat ? Le lendemain de l'assassinat d'un prince digne de tous nos regrets, *des joies atroces* n'ont-elles pas été aperçues ? *Une attitude imposante* n'a-t-elle pas été commandée ? et quelle attitude ! Des sicaires, animés d'une rage soldée, n'ont-ils pas troublé la paix publique ? ne les a-t-on pas entendus au Palais-Royal s'écrier : *Il faut nous laver les mains dans le sang de tous les libéraux* ? N'est-ce pas alors que des feuilles dégoûtantes de bassesse et de lâcheté fomentaient le désordre, marquaient les victimes, exigeaient des proscriptions ? A peine la chute du ministre, objet de tant de fureurs, est-elle décidée, nouveau coup de théâtre ; tout rentre dans le calme : c'est la seconde circulaire, c'est le second acte de la tragédie oligarchique : chaque personnage joue admirablement son rôle en attendant la catastrophe.

Aucun homme de bonne foi ne saurait révoquer en doute l'existence du gouvernement de la faction. Oserait-on, après cela, blâmer les craintes des bons citoyens qui ne veulent que la paix, qui ne demandent que le repos, qui n'appellent de tous leurs vœux que le règne des lois, et qui n'osent compter sur rien avec un ministère équivoque, avec l'idée toujours présente que les anarchistes de 1815 peuvent usurper violemment le pouvoir ? Vous reprochez à quelques écrivains d'alarmer les acquéreurs des biens nationaux. Tournez vos regards vers la faction organisée; C'est là ce qui excite leurs inquiétudes; car, dans son langage comme dans sa pensée, tout acquéreur de biens nationaux est un révolutionnaire, tout révolutionnaire est un proscrit. Croyez à l'instinct de l'intérêt; il trompe rarement les hommes (1).

Il n'est point de machinations que n'emploient les ennemis de la liberté publique pour arriver à leur but. M. de Montjau cite une de ces machinations qui ont été répétées avec succès en plusieurs lieux. Je veux parler de ce sieur *Bois de Milhau* qui, d'accord avec Trestaillons, voulait attribuer aux protestans les cris de *vive l'empereur*! que

---

(1) Demandera-t-on encore quels sont ceux qui alarment les acquéreurs de biens nationaux, quels sont ceux qui méconnaissent la charte? Lisez ce qui suit, et prononcez!

Les sieurs Julien, Dayme, et plusieurs autres habitans de la commune d'Eguilles, département des Bouches-du-Rhône, avaient acquis divers immeubles, vendus par l'état, par suite de l'émigration du marquis d'Eguilles et de ses enfans.

Le 13 juillet 1815, époque où une réaction si violente eut lieu en Provence, deux cents hommes de la garde urbaine de Marseille se rendirent à Eguilles, et arrêtèrent deux des acquéreurs des biens de l'ancien seigneur, qui furent conduits dans les prisons d'Aix. Ils en sortirent le 2 août. Le lendemain et les jours suivans, dix de ces acquéreurs parurent devant un notaire, et signèrent des actes de revente au profit du marquis Alexandre d'Eguilles, petit-fils de l'ex-seigneur.

Lorsque les troubles furent apaisés, les actes de revente furent attaqués par ceux qui les avaient signés. Ils soutinrent que ces actes leur avaient été extorqués par les violences et les vexations qu'on leur avait fait éprouver, et par les menaces auxquelles ils avaient été en butte; ils soutinrent de plus que le prix stipulé dans les reventes n'était qu'apparent, et qu'en le supposant réel, il y avait lésion énorme.

Le tribunal, et ensuite la cour royale d'Aix, ont rejeté leur demande. Le moyen tiré de la violence a été écarté par le motif que les faits articulés n'étaient pas assez graves. Le moyen résultant de la lésion a également été déclaré inadmissible, sous le prétexte qu'il ne s'agissait pas de ventes ordinaires, mais de rétrocessions au profit de l'ancien propriétaire *injustement dépouillé*, et que les vendeurs devraient être considérés comme ayant acquitté une *obligation naturelle*.

La cour de cassation vient d'annuler l'article de l'arrêt de la cour d'Aix, pour violation de l'art. 9 de la charte, duquel il résulte qu'il n'est permis d'établir aucune différence entre les acquisitions de biens nationaux et celles de toutes autres propriétés.

lui même avait proférés. Cette infernale tactique n'a-t-elle pas eu lieu à la suite des élections de 1816 ? Des hommes apostés n'ont-ils pas fait entendre d'horribles paroles ? N'est-ce pas de ces propos inspirés et payés qu'on est parti pour répandre d'injurieuses déclamations, pour égarer l'opinion des hommes crédules, pour calomnier insolemment les meilleurs citoyens? On se souvient encore de cet ancien militaire de l'armée de Condé, qui, à l'époque où la loi de recrutement fut exécutée pour la première fois, se mêlait parmi les jeunes gens, poussait des vociférations séditieuses, et cherchait à exciter une révolte. Surpris au milieu de ces tentatives, ce fidèle agent des ultra-royalistes ne fut pas plus heureux que le sieur *Bois* ; placé sous la main de la justice, son délit fut légalement constaté, et il en subit le châtiment.

Le ministère se trompe s'il imagine qu'il puisse rendre à cette faction des services assez éminens pour en être constamment appuyé. On ne lui tiendra pas compte même du système des deux degrés d'élection qui tend à déshonorer le commerce, l'industrie, la petite propriété, en les privant du droit de concourir directement au choix de leurs représentans, de leurs défenseurs naturels ; projet qui, s'il était adopté, détruirait l'égalité constitutionnelle si chère à la nation. Le ministère conservera l'appui qu'il s'est procuré tant que les oligarques pourront se servir des ministres pour suspendre nos libertés, pour dénaturer nos institutions : elle les brisera ensuite comme des instrumens inutiles. Que les ministres fassent une expérience ; qu'ils accueillent la pétition de M. de Montjau ; qu'ils prennent les mesures propres à assurer la tranquillité du midi, en livrant aux tribunaux les coupables souillés de tant d'excès, les hommes qui ont commis tant d'outrages envers l'humanité ; qu'ils s'expliquent franchement sur la situation de la France, sur le danger des sociétés secrètes, du comité directeur ; ils connaîtront alors à quel prix on leur accorde une insultante protection. Qu'ils cessent seulement de destituer des fonctionnaires qui, dévoués au roi, sont aussi dévoués à la charte, et les échecs qu'ils éprouveront aux deux chambres les avertiront suffisamment combien l'appui des factions est fragile, combien il est dangereux.

Nos ministres ont d'excellentes intentions ! je suis porté à le croire ; mais depuis quand les intentions suffisent-elles pour gouverner un état comme la France ? ils veulent le bien ! mais suffit-il de le vouloir ? Ceux qui aspirent à la noble ambition d'influer sur les destinées des peuples, ne devraient-ils pas consulter leurs forces ! s'ils ne se sentent pas assez d'énergie pour échapper au joug des factions ; s'ils n'ont pas assez de caractère pour maintenir leur indépendance ; s'ils sont forcés de flatter, de ménager, que dis-je ! de servir une autorité rivale de l'autorité légitime ; s'ils ne savent, dans l'accomplissement de leurs devoirs, braver ni la haine des méchans, ni les calomnies des ennemis de l'ordre, qu'ils déposent le fardeau du pouvoir, il est trop pesant pour eux.

Mais vous aurez un ministère ultra-royaliste ! — Que nous importe ! De tous les maux qui affligent les sociétés politiques, l'incertitude est peut être le plus pénible de tous. Du moins, la nation saurait à quoi s'en tenir. Au lieu de la traîner vers l'abîme des révolutions par des routes tortueuses, on l'y conduirait par une route directe. Cela serait mieux. On saurait plutôt de quel côté est le nombre, la force et le talent.

On ne peut se défendre de quelque amertume en considérant toutes les peines qu'on se donne pour mal gouverner la France, tandis qu'il serait si facile de la bien gouverner. Il y a dans tout faux système une erreur fondamentale ; cherchons à la découvrir !

Grâces à la véhémence des déclamations, à la ténacité des imposteurs, on est parvenu à faire considérer les partisans de la charte comme les ennemis du roi et de la famille royale, comme des jacobins, des révolutionnaires. Cette fausse idée peut perdre la France. Les amis de la charte sont dévoués au roi dont la charte est l'ouvrage, aux princes qui ont juré de la maintenir. Si toute espérance n'est pas flétrie au fond des cœurs ; si quelque chance de salut nous sourit encore, c'est que nous tournons nos regards vers le trône ; c'est que nous attendons de la sagesse et de la fermeté royale, quelques-unes de ces grandes résolutions, de ces actes magnanimes qui imposent silence aux factions, qui raffermissent les sociétés ébranlées sur leurs bases naturelles, qui fondent à jamais l'empire de l'ordre et des lois.

Si vous voulez connaître les amis et les ennemis du roi, examinez quels sont ceux qui s'affligent lorsque la santé du monarque est menacée ; quels sont ceux qui s'en réjouissent. Sont-ce les libéraux ou les ultra-royalistes qui font des vœux au ciel pour qu'il conserve la vie du roi ? Voulez-vous savoir quels sont les ennemis des princes ? ce sont les ultra-royalistes, qui vont insinuant partout que les princes repoussent les idées de liberté légale ; qu'ils ne reconnaissent aucun droit aux peuples, qu'ils sont les chefs d'une faction, et qu'elle monterait avec eux sur le trône.

Voilà les ennemis, les vrais ennemis de la dynastie des Bourbons ; voilà ceux qui compromettraient volontiers son existence pour envahir le pouvoir, pour recomposer ce qu'ils nomment les grandes propriétés, pour établir en leur faveur le monopole de la liberté.

A Dieu ne plaise que je confonde avec ces hommes passionnés, avec ces agens impurs d'un comité directeur et usurpateur, tout le parti royaliste ! On y trouve en grand nombre des hommes sans expérience, sans connaissance de l'état réel des choses, qui se laissent facilement éblouir, et qui sont de bonne foi dans leurs erreurs. On leur a dit que la nation était révolutionnaire ; on a fait sonner très-haut à leurs oreilles les mots de religion, de morale, d'honneur ; et ils croient pieusement que la France veut revenir sur une révolution accomplie et terminée ; et ils s'imaginent qu'il n'y a plus parmi nous d'honneur, de morale, de religion. Qu'ils ouvrent enfin les yeux à la lumière ; qu'ils examinent la conduite de ces nouveaux apôtres ; qu'ils se rappellent quels ont été les instigateurs des excès du Midi, les provocateurs de la guerre civile dans Nîmes ; qu'ils lisent la pétition de M. de Montjau, et qu'ils prononcent !

Cette pétition est un service important rendu au roi, rendu à la patrie. Elle assure à son auteur la vénération de tous les bons citoyens ; elle pose un flambeau sur le bord de l'abîme. Si nous périssons maintenant, ce ne sera pas faute d'un avertissement salutaire. Toute la vérité aura été dite ; la France entière l'aura entendue. Que si les craintes du grand magistrat de Nîmes se réalisaient, si la signature de sa pétition avait été son arrêt de mort, il emporterait avec lui les regrets amers de ses concitoyens ; sa mémoire serait consacrée dans leurs cœurs reconnaissans, et son exemple à jamais cité comme un modèle de dévoûment héroïque et de patriotisme.

LETTRE DE M. MADIER DE MONTJAU,

A messieurs les rédacteurs de la Renommée.

Pierrelate (Drôme), 14 avril 1820.

MESSIEURS,

LA *Quotidienne* dans son numéro du 4 avril, en torturant une des phrases de ma pétition à la chambre des députés, en tire bénignement la conséquence que j'accuse les suisses d'assassinats. Voici la phrase d'où elle a tiré cette loyale induction.

« . . . . À cette garnison vont succéder des « suisses. Je ne suis pas encore assez *bon français*, je « l'avoue, pour ne point m'attrister de voir ces étrangers « remplacer nos légions; mais il me suffit de la joie immo- « dérée qu'en témoignent les hommes de la désastreuse « année, pour être averti que cet événement est affli- « geant. »

Il faut avoir la bonne foi de la *Quotidienne*, pour voir dans ces paroles, une accusation directe ou indirecte d'assassinat. Un fait incontestable, c'est que les ultrà se sont extrêmement réjouis de l'arrivée des suisses. Un fait non moins incontestable, c'est que les Suisses sont *étrangers*, et qu'il est permis à tout Français, digne de ce nom, de manifester hautement une préférence pour les troupes nationales.

Mais, dira-t-on, vous ne pouvez ignorer, que pendant un séjour assez long à Nîmes, les Suisses n'y ont commis ni secondé aucun désordre. Loin de nier cette vérité, je suis bien aise qu'on la publie. J'adopte avec joie la pensée qu'en aucune ville ils n'ont mérité l'ombre d'un reproche; et quel ne serait pas le désespoir des bons citoyens, si à l'humiliation de voir nos cités soumises à la surveillance des cohortes étrangères, il fallait ajouter aussi les excès de l'indiscipline. Oui sans doute, les suisses sont disciplinés. Oui, sans doute, ils restent étrangers aux fureurs de la faction implacable qui voudrait en faire des instrumens de vengeance. Si un seul jour les suisses s'étaient écartés de ces règles de conduite, l'opinion nationale déjà si prononcée contre leur séjour en France, se serait soulevée avec une si grande énergie, que le gouvernement aurait été obligé de les faire rentrer dans leur pays.

J'estime la nation Allemande, la nation Espagnole, la nation Russe, et néanmoins la présence de leurs soldats dans nos villes, me pénétrerait de cette douleur profonde, que causait à l'honorable général Foy, la vue de l'anglais Wellington.

Qu'on vante la nation suisse, je suis prêt à souscrire à cet éloge, pourvu que ses soldats laissent nos foyers libres et retournent dans les leurs.

Convaincu que rien n'est à la fois plus déraisonnable et plus funeste que les haines nationales, je consens à ne pas examiner jusqu'à quel point les suisses ont contribué à nos dernières infortunes; je verrais même avec joie une amitié intime s'établir entre les deux peuples, pourvu qu'on cessât de donner pour base à cette alliance, les privilèges également ruineux et humilians que la France accorde en ce moment.

Comme magistrat, j'ai dans une occasion toute récente, remarqué avec un étonnement et un chagrin profond, que par une dérogation exorbitante au droit des gens jamais les suisses ne peuvent devenir justiciables des tribunaux français, même pour crimes commis en France; mais lors même que les suisses ne seraient pas placés par leurs capitulations au-dessus de nos lois; lors même que je n'aurais à regretter l'éloignement d'aucun ami intime parmi les colonels de notre ancienne garnison française de Nîmes; lors même enfin qu'aucun de nos braves ne gémirait dans l'indigence et dans l'oubli, il suffit que les suisses soient étrangers, pour que je les voye avec affliction remplacer une garnison française.

Si les suisses sont toujours dignes de la liberté que leurs ancêtres conquirent par de si généreux efforts, ils ne seront pas étonnés que leur présence soit un sujet permanent d'ombrage pour un peuple jaloux de ses droits; ils seront les premiers à sentir que des traités compatibles avec l'existence d'un gouvernement absolu, ont cessé d'être exécutables en France, du jour où elle est devenue libre par la Charte.

Voilà, messieurs, ce que la *Quotidienne* sait très-bien, et elle n'ignore pas non plus, qu'on peut désirer aussi ardemment que je le fais, l'éloignement des suisses, sans pour cela les accuser d'assassinat. J'ai cru devoir opposer ces réflexions à ses insinuations calomnieuses, non pas dans l'espoir d'être une seconde fois honoré de ses insultes; mais pour répéter des vérités utiles et pour prouver que le sentiment de la dignité nationale peut et doit s'allier à la modération.

Recevez, messieurs, l'assurance de la considération distinguée de votre obéissant serviteur,

Signé, MADIER DE MONTJAU.

P. S. J'ai l'honneur de vous recommander instamment, de n'insérer ma lettre qu'en entier, et non par fragmens ; si la censure s'y oppose, j'aime mieux chercher une autre voie pour la rendre publique.

Signé, MADIER DE MONTJAU.

www.ingramcontent.com/pod-product-compliance
Lightning Source LLC
LaVergne TN
LVHW020310230826
846091LV00006B/2622

* 9 7 8 2 0 1 2 3 9 8 8 6 3 *